FITNESS PER TUTTI

NICOLA MAGINI

INDICE

INTRODUZIONE

Benvenuti a "Fitness per Tutti".

In questo libro, esploreremo insieme il mondo del fitness attraverso gli esercizi cardini del fitness.

Partiremo dalle basi, successivamente vedremo ulteriori esercizi per completare nell'interezza il distretto muscolare.

Tenendo però conto però, che ciò detto sarà solamente un'infarinatura generale dell'ampio mondo del fitness.

Questi esercizi si potranno svolgere in palestra o altro luogo di allenamento dove le persone vanno per migliorare la loro forma fisica e la salute attraverso l'esercizio fisico.

Solitamente il posto scelto dovrebbe offrire una vasta gamma di attrezzature per l'allenamento, come pesi liberi, macchine per l'allenamento, attrezzature cardiovascolari e spazi per lo stretching e riscaldamento.

Le tracce del libro includono l'importanza di un allenamento, una dieta equilibrata e di un recupero adeguato.

È importante lavorare con un personal trainer o un professionista del fitness per creare un programma di allenamento personalizzato e sicuro, che tenga conto dei tuoi obiettivi individuali e delle tue condizioni di salute.

Inoltre, è importante imparare la giusta tecnica per ogni esercizio per evitare lesioni e ottenere il massimo benefico dall'allenamento.

La regolarità e la costanza sono anche fondamentali per ottenere risultati duraturi.

Infine, è importante ascoltare il proprio corpo e rispettare i propri limiti. Non essere troppo ambiziosi all'inizio e aumentare gradualmente la difficoltà dell'allenamento man mano che il tuo corpo si adatta e migliora.

In questo modo, l'esercizio può diventare una parte importante e piacevole della tua routine per il benessere fisico e mentale.

CAPITOLO 1

GAMBE

Le gambe sono costituite da diversi gruppi muscolari, tra cui: Muscoli dei glutei, Muscoli della coscia anteriore, Muscoli della coscia posteriore, Muscoli dei polpacci.

Oltre a questi principali gruppi muscolari, le gambe comprendono anche molti altri muscoli minori, come i muscoli dell'anca, i muscoli della coscia laterale e i muscoli del piede.

Esse sono una parte fondamentale del nostro corpo e hanno una serie di funzioni importanti.

Ecco alcune delle ragioni per cui le gambe sono così importanti:

- ✓ **Sostegno del peso corporeo**: Le gambe sono responsabili di sostenere il peso corporeo e permettere di camminare, correre, saltare e muoversi in modo fluido.
- ✓ **Mobilità**: Le gambe sono fondamentali per la mobilità del corpo, permettendo di spostarsi in modo efficace in ogni direzione.
- ✓ **Equilibrio e stabilità**: Le gambe sono importanti per l'equilibrio e la stabilità del corpo.
- ✓ Una buona forza e flessibilità delle gambe possono

migliorare la postura e ridurre il rischio di cadute.

✓ **Prestazioni atletiche**: Le gambe sono fondamentali per le prestazioni atletiche.

Gli atleti che hanno gambe forti e ben allenati sono in grado di correre più velocemente, saltare più in alto e avere una maggiore resistenza.

✓ **Salute delle ossa**: L'esercizio regolare delle gambe può aiutare a mantenere le ossa forti e ridurre il rischio di osteoporosi e fratture.

✓ **Salute cardiovascolare**: L'esercizio fisico delle gambe può aiutare a migliorare la salute cardiovascolare, riducendo il rischio di malattie cardiache e ictus.

Le gambe muscolose possono essere considerate molto attraenti e piacevoli dal punto di vista estetico.

Infatti, molte persone cercano di sviluppare e tonificare i muscoli delle gambe per avere una figura più proporzionata e definita.

Inoltre, le gambe muscolose possono contribuire a migliorare la postura e l'equilibrio, rendendo la figura più armoniosa e attraente.

In generale, avere gambe muscolose può anche dare l'impressione di una persona più forte e in forma.

Di seguito alcuni esercizi efficaci per le gambe.

SQUAT

Nessun allenamento della forza è completo senza gli squat.

Questo esercizio a corpo libero è uno dei più efficaci per aumentare la forza e la massa muscolare, oltre a migliorare la flessibilità e l'equilibrio.

Gli squat lavorano su molte parti del corpo, tra cui gambe, glutei, lombari e addominali, e possono essere eseguiti con una vasta gamma di pesi e varianti.

Nel primo capitolo di "Fit, Forte e Focoso", esploreremo lo squat in dettaglio, dalle sue origini alla sua evoluzione.

Imparerete come eseguire lo squat correttamente e come integrarlo nella vostra routine di allenamento per ottenere i migliori risultati.

Inoltre, vi mostreremo come personalizzare gli squat per soddisfare le vostre esigenze personali e come evitare gli errori comuni.

Preparatevi a scoprire perché lo squat è il fondamento dell'allenamento della forza e come può aiutarvi a raggiungere i vostri obiettivi di fitness. Andiamo!

Lo squat classico è un esercizio a corpo libero che viene eseguito con peso sulle spalle o senza peso.

L'obiettivo è di far scendere lentamente il corpo verso il basso, mantenendo la schiena dritta e i piedi paralleli al pavimento, per poi tornare lentamente alla posizione iniziale.

Questo esercizio lavora su molti gruppi muscolari, tra cui quadricipiti, glutei, lombari e polpacci.

Ecco come eseguire correttamente lo squat:

1. Inizia in piedi con i piedi alla larghezza delle spalle e le mani tese verso l'alto.

2. Lentamente, abbassa il corpo verso il basso, piegando

le ginocchia e mantenendo la schiena dritta.

3. La profondità dello squat dipende dalla flessibilità delle ginocchia, ma in genere si consiglia di scendere fino a quando le cosce sono parallele al pavimento o arrivare alla cosiddetta accosciata, ovvero con il gluteo a sfioro dei polpacci o comunque sotto il parallelo.

4. Mantieni il peso equilibrato su entrambi i piedi e le ginocchia che puntano in avanti.

5. Torna lentamente alla posizione iniziale, spingendo i talloni verso il pavimento e facendo attenzione a non introflettere le ginocchia.

6. Ripeti l'esercizio per il numero desiderato di ripetizioni.

Varianti :

- **Lo squat sumo**

È una variante dello squat classico che differisce dalla posizione dei piedi.

Invece di mantenere i piedi paralleli al pavimento, i piedi sono posizionati più aperte, con le dita dei piedi che puntano verso l'esterno.

Questa posizione richiede una maggiore flessibilità nell'anca e nei fianchi, e lavora in modo diverso sui muscoli rispetto allo squat classico.

Lo squat sumo si concentra principalmente sui muscoli della parte inferiore del corpo, in particolare sui muscoli delle cosce e dei glutei. Tuttavia, questo esercizio lavora anche sui muscoli della schiena, dei fianchi e dei polpacci.

- **Squat isometrico**

Lo squat isometrico al muro, detto anche Wall sit o sit wall exercise, è l'esercizio più utilizzato per allenare gli arti inferiori in isometria.

La sua esecuzione prevede che la schiena sia poggiata al muro, ginocchia flesse a 90° e mantenimento della posizione.

I benefici dell'esercizio isometrico sono il miglioramento della salute del tendine e delle articolazioni, aumento della capacità lavorativa, maggiore efficienza neuromuscolare, riduce i modelli di compensazione muscolare.

Le variazioni delle posizioni delle gambe ci aiuteranno a focalizzare meglio il lavoro sui diversi fasci muscolari, ciò ci aiuterà nel raggiungimento del nostro obbiettivo.

Vi sono inoltre molteplici macchinari che ne imitano il movimento, alcuni a livello muscolare anche più efficienti in termini di crescita.

In conclusione, lo squat è un esercizio di base che dovrebbe far parte della routine di allenamento di ogni persona che voglia migliorare la forza e la forma fisica.

Sia che si opti per lo squat classico o per la sua variante, questo esercizio lavora su molti muscoli del corpo, tra cui cosce, glutei, schiena, fianchi e polpacci, e può aiutare a migliorare la postura e la stabilità.

Inoltre, lo squat è un esercizio ad alto impatto che può aiutare a bruciare calorie e a perdere peso, e può essere facilmente adattato a livelli di difficoltà diversi, a seconda delle esigenze individuali.

Se sei nuovo allo squat o hai preoccupazioni riguardo la tua forma, è importante lavorare con un personal trainer o un professionista del fitness per assicurarti di eseguire l'esercizio correttamente e prevenire lesioni.

AFFONDI

Gli affondi, o "lunges" in inglese, sono un esercizio di sollevamento pesi che coinvolge principalmente i muscoli delle gambe, in particolare i quadricipiti, i glutei e gli ischiocrurali. Gli affondi sono un esercizio molto efficace per aumentare la forza, la stabilità e la mobilità delle gambe.

<u>Ecco come eseguire correttamente gli affondi:</u>

1. Inizia in posizione eretta, con i piedi ben saldi sul pavimento e le braccia ai lati del corpo, libere, mantenendo dei manubri o con un bilanciere sulle spalle.
2. Scegli il tipo di affondo che vuoi fare e decidi quale gamba vuoi far avanzare.
3. Fai un passo in avanti con la gamba scelta, piegando il ginocchio fino a formare un angolo di 90 gradi.
4. Assicurati che il ginocchio non superi la punta del piede, per evitare di mettere troppa pressione sulle ginocchia.
5. Mantieni il busto eretto e guarda dritto davanti a te.
6. Assicurati di non piegare la schiena o di inclinare il busto in avanti.
7. Scendi lentamente verso il pavimento, mantenendo il ginocchio posteriore leggermente sollevato dal suolo.
8. Fai una pausa di un secondo nella posizione di affondo, quindi torna lentamente alla posizione eretta.
9. Ripeti l'affondo con la stessa gamba per il numero desiderato di ripetizioni, quindi passa all'altra

gamba e ripeti il movimento.

Ricorda di eseguire gli affondi in modo lento e controllato per evitare lesioni.

Varianti:

- **Affondi in avanti**

Questo tipo di affondo prevede di avanzare con una gamba alla volta, piegando entrambe le ginocchia in modo da creare un angolo di 90 gradi. L'affondo in avanti è un esercizio molto comune che può aiutare a rafforzare i muscoli delle gambe e dei glutei.

Si può concentrare maggiormente il lavoro sulla parte anteriore della gambe accorciando il passo, oppure nella parte posteriore allungandolo.

- **Affondi laterali**

In questo tipo di affondo, si inizia in piedi e si fa un passo laterale, piegando il ginocchio della gamba che si sta spostando mentre si mantiene la gamba opposta estesa.

Questo esercizio può aiutare a rafforzare i muscoli delle gambe e dei glutei, nonché migliorare l'equilibrio laterale.

- **Affondi posteriori**

In questo tipo di affondo, si inizia in piedi e si fa un passo indietro con una gamba, piegando entrambe le ginocchia in modo da creare un angolo di 90 gradi.

L'affondo posteriore può aiutare a rafforzare i muscoli delle gambe e dei glutei, nonché migliorare l'equilibrio e la stabilità.

- **Affondi Bulgari**

In questo tipo di affondo, trova una panca, una sedia o un gradino elevato e mettiti di spalle ad essa.

Metti il piede destro sulla panca, mantenendo il petto sollevato e gli addominali contratti.

Piegando il ginocchio sinistro, abbassati lentamente finché il ginocchio tocca quasi il pavimento.

Ritorna lentamente alla posizione iniziale.

Importante: assicurati di mantenere il busto diritto, gli addominali contratti e i piedi saldamente ancorati al terreno durante l'esecuzione dell'esercizio.

L'affondo bulgaro è un ottimo esercizio per rafforzare le gambe, in particolare i quadricipiti, i glutei e i muscoli stabilizzatori del core.

- **Affondi saltati**

Questo tipo di affondo prevede di saltare in aria da una posizione di affondo e atterrare con la gamba opposta in avanti, quindi ripetere l'esercizio con l'altra gamba.

Gli affondi a salti sono un esercizio ad alta intensità che può aiutare a migliorare la forza e la resistenza delle gambe.

Ulteriori benefici degli affondi sono:
- ✓ Aumento della forza e della massa muscolare.
- ✓ Aumento della flessibilità e della mobilità.
- ✓ Miglioramento della coordinazione.
- ✓ Riduzione del rischio di infortuni.

LEG PRESS

La leg press è un esercizio di resistenza per gli arti inferiori che coinvolge principalmente i muscoli delle gambe, in particolare i quadricipiti, i glutei, i muscoli del polpaccio e gli adduttori.

Ecco come eseguire correttamente l'esercizio di leg press:

1. Scegliere la giusta posizione sulla macchina: posizionati sulla panca con la schiena ben appoggiata allo schienale, le gambe flesse ad un angolo di circa 90 gradi e appoggiate sui supporti laterali.
2. I piedi devono essere appoggiati sulla pedana, ad una distanza larga quanto le spalle o leggermente maggiore per enfatizzare il lavoro sulla parte posteriore della gamba.
3. Impostare il peso: Impostare il peso adeguato per la propria capacità fisica e obiettivi di allenamento.
4. Preparare la respirazione: Inspirare e trattenere il respiro durante la fase di discesa.
5. Poi spingere la pedana verso l'esterno fino a raggiungere quasi la massima estensione delle gambe, quindi controllare il movimento di ritorno della pedana verso il corpo, espirando.
6. Fine dell'esercizio: Una volta terminato il numero di ripetizioni desiderato, rilasciare la pedana e alzarsi dalla panca.

Durante l'esecuzione dell'esercizio di leg press, è fondamentale mantenere la schiena ben appoggiata allo schienale e non sollevare il bacino o le natiche dalla panca.

L'esercizio di leg press può essere eseguito in diverse varianti, come ad esempio la leg press orizzontale o inclinata, che prevedono posizioni differenti del corpo e coinvolgono muscoli diversi.

La leg press è un esercizio molto efficace per aumentare la forza e la massa muscolare degli arti inferiori.

LEG EXTENSION

La leg extension è un esercizio di isolamento per gli arti inferiori che si esegue su una macchina specifica chiamata "leg extension machine". L'esercizio mira principalmente ai muscoli quadricipiti, ovvero i muscoli della parte anteriore della coscia.

Ecco come eseguire correttamente l'esercizio di leg extension:

1. Per eseguire la leg extension, il soggetto si siede sulla macchina con le gambe piegate e appoggia i piedi sulla pedana anteriore della macchina.

2. Successivamente, estende le gambe in avanti sollevando il peso sulla macchina usando solo i muscoli delle gambe, tenendo la schiena ben appoggiata sullo schienale.

L'esercizio è utile per aumentare la forza e la definizione dei muscoli quadricipiti, ma va eseguito con attenzione, poiché può esercitare una pressione eccessiva sulle ginocchia e sui legamenti circostanti.

È importante eseguire l'esercizio con un peso adeguato e mantenere sempre il controllo del movimento.

Inoltre, la leg extension non coinvolge altri muscoli delle gambe, come i muscoli del polpaccio o i muscoli posteriori della coscia, quindi è importante integrare altri esercizi nella routine di allenamento per ottenere un allenamento completo degli arti inferiori.

LEG CURL

La Leg curl è un esercizio di isolamento per gli arti inferiori che mira principalmente ai muscoli ischio-crurali, ovvero i muscoli posteriori della coscia (bicipiti femorali).
Stimola anche i flessori del ginocchio, il semitendinoso e il gastrocnemio.

Ecco come eseguire correttamente la leg curl:
1. L'esercizio si esegue sulla macchina del leg curl, dove il soggetto si sdraia sulla pancia o dove si siede a seconda del tipo di macchinario e fissa i talloni sotto un supporto e solleva il peso piegando le gambe alle ginocchia.
2. Il movimento prevede di mantenere le cosce sul supporto durante il movimento, piegando poi le gambe alle ginocchia, fino a portare i talloni il più vicino possibile ai glutei.

L'esercizio di leg curl è molto utile per aumentare la forza, il volume e la definizione dei muscoli posteriori della coscia.
Tuttavia, anche in questo caso è importante eseguire l'esercizio con attenzione, poiché può esercitare una pressione eccessiva sulle ginocchia e sui legamenti circostanti.
È quindi importante utilizzare un peso adeguato e mantenere sempre il controllo del movimento.

HIP THRUST

L'hip thrust è un esercizio di sollevamento pesi che viene eseguito in posizione seduta su una panca e si concentra principalmente sul gluteo maggiore, il muscolo più grande e potente dei glutei.

Ecco come eseguire correttamente l'hip thrust:
1. Sedetevi con la schiena contro una panca e posizionate i piedi bene a terra davanti a voi, con le ginocchia piegate e le gambe larghe quanto le anche.
2. Posizionate il bilanciere, la barra o il manubrio sulle anche e mantenete le mani saldamente intorno alla barra o al bilanciere per tenerlo in posizione.
3. Spingete con i talloni e sollevate i glutei dalla panca, portandoli in linea con le ginocchia e le spalle.
4. Contrarre i glutei nella parte alta del movimento e poi lentamente abbassare i glutei alla posizione di partenza.
5. Ripetere per il numero desiderato di ripetizioni.

L'hip thrust può anche essere un utile esercizio di riabilitazione per il mal di schiena o per migliorare la postura.

SLANCI POSTERIORI

Gli slanci posteriori sono un esercizio che coinvolge principalmente i muscoli dei glutei e delle gambe, ma può anche coinvolgere i muscoli della schiena, tra cui il muscolo erettore spinale.

Ecco come eseguire correttamente gli slanci posteriori:
1. Inizia in posizione eretta con i piedi allineati alle spalle e le mani sui fianchi o con i manubri ai lati del corpo.
2. Fai un passo indietro con il piede destro, mantenendo il busto eretto e il petto sollevato.
3. Assicurati di mantenere il peso del corpo distribuito in modo uniforme tra entrambe le gambe.
4. Fletti il ginocchio destro e abbassa il corpo verso il pavimento, mantenendo il ginocchio sinistro flesso e il tallone del piede sinistro sollevato.
5. Continua a scendere finché il ginocchio destro è ad un angolo di 90 gradi e il ginocchio sinistro è allineato alla caviglia sinistra.
6. Contrai i glutei e le gambe per tornare alla posizione eretta, spingendo attraverso il tallone del piede sinistro e riportando il piede destro alla posizione di partenza.
7. Ripeti il movimento con il piede sinistro che si sposta indietro.

Ad un livello più avanzato potrai utilizzare delle cavigliere come incremento di difficoltà.
Altresì in una palestra attrezzata puoi utilizzare un cavo dal basso collegato alla caviglia (magari aiutandoti con un peso per alzare la gamba d'appoggio) o a un macchinario designato appositamente.

ABDUTTORI

Gli abduttori sono un gruppo muscolare situato nella zona laterale della coscia, e il loro principale compito è quello di allontanare la gamba dal centro del corpo, in un movimento di abduzione.

Gli esercizi per gli abduttori possono essere eseguiti in diversi modi, a seconda degli obiettivi che si vogliono raggiungere.

Alcuni degli esercizi più comuni per gli abduttori includono:

Alzate laterali delle gambe:

1. Sdraiati sul fianco, appoggiando la testa sulla mano e solleva la gamba superiore, mantenendo il piede flesso, fino a quando non forma un angolo di 45 gradi con il corpo.
2. Mantieni la posizione per alcuni secondi, poi abbassa la gamba.
3. Ripeti per un numero desiderato di ripetizioni, quindi cambia lato.

Affondi laterali:

1. In piedi, fai un grande passo laterale con una gamba, mantenendo l'altra gamba ferma.
2. Fletti la gamba che hai appena mosso finché il ginocchio forma un angolo di 90 gradi, quindi spingi indietro per tornare alla posizione iniziale. Ripeti per un numero desiderato di ripetizioni, poi cambia lato.

Macchine per abduzione delle gambe:

1. Seduto sulla macchina apposita, posiziona le caviglie sulle imbottiture, seleziona il peso e spingi le gambe in avanti, allontanandole dal corpo, mantenendo le ginocchia estese.

2. Rientra lentamente alla posizione iniziale e ripeti per un numero desiderato di ripetizioni.

Ponti con elastico:

1. Sdraiati sulla schiena con le ginocchia piegate e i piedi appoggiati a terra, posiziona un elastico sopra le ginocchia.

2. Solleva il bacino verso l'alto, mantenendo i piedi e le spalle a terra, e allontana le ginocchia l'una dall'altra, creando una tensione sull'elastico.

3. Torna lentamente alla posizione iniziale e ripeti per un numero desiderato di ripetizioni.

CALF MACHINE SEDUTA

La calf machine seduta (o calf raise machine seduta) è una macchina per l'allenamento delle gambe che si concentra sulla muscolatura del polpaccio.

Ecco come eseguire correttamente la calf machine saduta:

1. In questa macchina, l'utente si siede su una panca e appoggia le ginocchia su dei cuscinetti.
2. I piedi sono posizionati su una pedana inclinata con le punte rivolte verso l'alto.
3. Tenendo i piedi ben saldi sulla pedana, l'utente solleva i talloni fino a quando i polpacci non sono completamente contratti, mantenendo per qualche istante la massima contrattura.
4. Quindi abbassa i talloni lentamente fino a quando i polpacci sono completamente allungati.

In questo calf la posizione dei piedi può variare sensibilmente la zona di maggior lavoro dell'esercizio.

Varianti:

- Con i **piedi paralleli** il lavoro sarà uniforme su tutto il polpaccio.
- Con i **piedi divergenti** (punta dei piedi rivolte verso l'esterno) si sollecita maggiormente la parte interna del polpaccio (capo mediale).

La calf machine seduta è un ottimo esercizio per sviluppare i muscoli del polpaccio, in particolare il gastrocnemio e il soleo.

CALF MACHINE IN PIEDI

La calf machine in piedi è una macchina per l'allenamento delle gambe che si concentra sulla muscolatura del polpaccio.

Ecco come eseguire correttamente la calf machine in piedi:
1. In questa macchina, l'utente si posiziona di fronte alla macchina con i piedi sulla pedana, mantenendo una postura eretta e le spalle indietro.
2. Impugnando le maniglie laterali della macchina per il supporto, l'utente solleva i talloni fino a quando i polpacci non sono completamente contratti, mantenendo per qualche istante la massima contrattura.
3. Quindi abbassa i talloni lentamente fino a quando i polpacci sono completamente allungati.

Differenze:

Le differenze principali tra la calf machine in piedi e la calf machine seduta sono nella posizione dell'utente durante l'esecuzione dell'esercizio e nell'area del polpaccio che viene maggiormente sollecitata.

Nella calf machine in piedi, questa posizione di esecuzione dell'esercizio sollecita principalmente il gastrocnemio, il muscolo più grande del polpaccio.

Nella calf machine seduta, questa posizione di esecuzione dell'esercizio sollecita principalmente il soleo, un muscolo più piccolo del polpaccio.

In sintesi, mentre entrambe le macchine possono essere utilizzate per allenare i muscoli del polpaccio, la calf machine in piedi è più indicata per il lavoro del gastrocnemio, mentre la calf machine seduta è più indicata per il lavoro del soleo.

A causa dalla sua forma, del livello di attività quotidiana e della genetica, il polpaccio è un muscolo estremamente difficile da aumentare in termini di massa muscolare.

Entrambe le macchine possono essere utilizzate in combinazione per un allenamento completo dei muscoli del polpacci.

<u>CAPITOLO 2</u>

PETTO

Il petto, o muscoli pettorali, è una parte importante del corpo umano che svolge una serie di funzioni essenziali.

<u>Ecco alcune delle ragioni per cui il petto è così importante:</u>

- ✓ **Sostegno del torace**: I muscoli pettorali forniscono sostegno al torace, alla colonna vertebrale e alla schiena, aiutando a mantenere una postura eretta e stabile.

- ✓ **Movimento delle braccia**: I muscoli pettorali sono responsabili del movimento delle braccia.

- ✓ Sono coinvolti nella flessione, l'abduzione e l'adduzione delle braccia.

- ✓ **Forza e prestazioni sportive**: Un petto forte e ben allenato può migliorare la forza e le prestazioni sportive, come il sollevamento pesi, il lancio, il nuoto e il basket.

- ✓ **Salute respiratoria**: Il petto è anche coinvolto nella respirazione. I muscoli pettorali aiutano ad espandere la gabbia toracica durante l'inspirazione e il controllo del flusso d'aria durante l'espirazione.

- ✓ **Estetica**: Il petto ben sviluppato può migliorare

l'aspetto estetico del corpo e aumentare la fiducia in se stessi.

Di seguito alcuni esercizi efficaci per il petto.

PANCA PIANA

La panca piana è uno degli esercizi più popolari per lo sviluppo della forza e della massa muscolare del petto, delle spalle e dei tricipiti.

Questo esercizio viene eseguito sdraiati su una panca piana, sollevando un bilanciere carico di pesi dalla posizione distesa fino all'estensione completa delle braccia.

Nella sezione seguente, verranno discussi i principi fondamentali per eseguire correttamente questo esercizio, i vantaggi e gli svantaggi, e alcune varianti avanzate dell'esercizio.

Ecco i passi per eseguire correttamente la panca piana classica:

1. Distendersi sulla panca piana con i piedi a terra, le scapole poggiate sulla panca e la schiena leggermente arcuata.
2. Afferrare il bilanciere con una presa leggermente più ampia della larghezza delle spalle e sollevarlo dalla supporto con le braccia estese.
3. Scendere lentamente il bilanciere verso il petto, mantenendo i gomiti vicino al corpo e controllando il movimento.
4. Fermarsi quando il bilanciere tocca leggermente il petto.
5. Spingere il bilanciere verso l'alto, estendendo le braccia completamente fino al blocco delle articolazioni.
6. Ripetere il movimento per il numero desiderato di ripetizioni.

È importante eseguire l'esercizio con una postura corretta, mantenendo i piedi a terra, la schiena arcuata e i gomiti vicino al corpo per prevenire lesioni.

Inoltre, è consigliabile utilizzare un carico adeguato al proprio livello di forza e di evitare di sollevare il bilanciere in modo troppo rapido o di bloccare le articolazioni durante l'estensione.

Varianti:

- **La panca inclinata**

La panca inclinata è un esercizio di sollevamento pesi che coinvolge principalmente il petto, ma anche le spalle e i tricipiti.

La differenza rispetto alla panca piana classica consiste nell'inclinazione della panca, che è inclinata di circa 30-45 gradi rispetto all'orizzontale.

Questa inclinazione modifica l'angolazione del movimento e mette maggiormente in tensione la parte superiore del petto.

Ecco i passi per eseguire correttamente la panca inclinata:

1. Posizionarsi sulla panca inclinata con la schiena ben aderente e i piedi piantati saldamente a terra.
2. Afferrare il bilanciere con una presa leggermente più ampia della larghezza delle spalle.
3. Sollevare il bilanciere dalla supporto e portarlo sopra al petto, mantenendo le braccia estese.
4. Scendere lentamente il bilanciere verso il petto, mantenendo i gomiti vicino al corpo e controllando il movimento.
5. Fermarsi quando il bilanciere tocca leggermente il petto.
6. Spingere il bilanciere verso l'alto, estendendo le braccia completamente fino al blocco delle articolazioni.
7. Ripetere il movimento per il numero desiderato di ripetizioni.

Anche per questo esercizio, è importante mantenere una postura corretta e utilizzare un carico adeguato al proprio livello di forza.

Inoltre, l'inclinazione della panca potrebbe richiedere un adattamento della posizione delle spalle e dei gomiti, per evitare di sollecitare troppo la parte anteriore delle spalle o di creare tensioni indesiderate sulle articolazioni.

- **La panca declinata**

La panca declinata è un altro esercizio di sollevamento pesi per il petto, ma questa volta la panca è inclinata verso il basso di circa 30-45 gradi rispetto all'orizzontale, con la testa più in basso rispetto ai piedi.

Questa posizione modifica l'angolazione del movimento e mette maggiormente in tensione la parte inferiore del petto.

Anche per questo esercizio, è importante mantenere una postura corretta e utilizzare un carico adeguato al proprio livello di forza.

Inoltre, l'inclinazione della panca potrebbe richiedere un adattamento della posizione delle spalle e dei gomiti, per evitare di sollecitare troppo la parte anteriore delle spalle o di creare tensioni indesiderate sulle articolazioni.

In mancanza di attrezzature si possono utilizzare appoggi durante l'esecuzione di piegamenti sulle braccia per modificare il focus muscolare.

Come sempre ricordiamo che è importante lavorare con un personal trainer o un professionista del fitness per assicurarti di eseguire l'esercizio correttamente e prevenire lesioni.

CROCI AI CAVI

Le croci ai cavi per il petto (o anche chiamate "crossover ai cavi") sono un esercizio comune di allenamento della parte superiore del corpo che coinvolge i muscoli del petto, delle spalle e dei tricipiti.

<u>Ecco come eseguire correttamente le croci ai cavi:</u>
1. Posizionati tra due macchine a cavi e afferra le maniglie.
2. Muovi un piede avanti rispetto all'altro e fletti leggermente le ginocchia ed inclinati leggermente in avanti con il busto per mantenere l'equilibrio.
3. Tira le maniglie verso il basso e verso il centro del tuo corpo, mantenendo i gomiti leggermente piegati.
4. Espira e spingi le maniglie verso l'esterno del tuo corpo, mantenendo i gomiti leggermente piegati e il petto sollevato.
5. Contrai i muscoli del petto mentre porti le maniglie verso il centro del tuo corpo, inspirando.
6. Ripeti il movimento per il numero desiderato di ripetizioni.

È importante mantenere una buona postura durante l'esercizio e non piegare troppo i gomiti per evitare di sovraccaricare le spalle e i gomiti.

Varianti:

- **Croci manubri**

Le croci con i manubri alla panca sono un esercizio per il petto che coinvolge i muscoli pettorali maggiori e minori, nonché i muscoli delle spalle e dei tricipiti.

<u>Ecco come eseguire correttamente le croci con i manubri alla panca:</u>

1. Posizionarsi supini sulla panca, con i piedi appoggiati a terra e le ginocchia piegate.
2. Prendere un manubrio in ogni mano, con i palmi rivolti l'uno verso l'altro, e tenere i manubri a sfioro quasi sopra le spalle, con le braccia pressoché completamente estese.
3. Inspirare e ad aprire le braccia verso l'esterno, mantenendo i gomiti leggermente piegati.
4. Contrarre i muscoli del petto mentre si sollevano i manubri, portandoli in posizione di partenza.
5. Ripetere il movimento per il numero desiderato di ripetizioni.

PECTORAL MACHINE

La pectoral machine (nota anche come chest press machine) è una macchina per l'allenamento dei muscoli del petto, utilizzata comunemente in palestra e in altri contesti di allenamento.

La pectoral machine consiste di una panca (o sedile) e di due maniglie che possono essere spinti l'uno contro l'altro.

Per eseguire l'esercizio sulla pectoral machine, ci si siede sulla panca e si afferra le maniglie, quindi si spinge le maniglie l'una contro l'altra.

La pectoral machine è spesso utilizzata dagli atleti principianti o da coloro che preferiscono esercitarsi con macchine guidate. È un'alternativa efficace alle panche per il petto tradizionali, poiché consente di lavorare in modo isolato sui muscoli del petto, senza l'ausilio di altri muscoli stabilizzatori.

Tuttavia, è importante tenere presente che l'utilizzo della pectoral machine non sostituisce l'allenamento con i pesi liberi, poiché l'allenamento con i pesi liberi coinvolge anche i muscoli stabilizzatori e richiede una maggiore coordinazione.

PUSH UP

Il push up, noto anche come flessione sulle braccia o piegamenti sulle braccia, è un esercizio che coinvolge principalmente i muscoli del petto, ma anche i tricipiti, le spalle e i muscoli del core.

Ecco come eseguire il push up:
1. Posizionati a faccia in giù sul pavimento, allungando le gambe dietro di te e appoggiando le punte dei piedi a terra.
2. Posiziona le mani a terra con le dita rivolte in avanti e le braccia tese.
3. Porta le mani alla larghezza delle spalle o leggermente più larghe.
4. Fai attenzione alla posizione delle spalle, che dovrebbero essere abbassate e retratte, senza avvicinarsi alle orecchie.
5. Contrai i muscoli del core per mantenere una postura solida e evitare di piegare la schiena.
6. Fletti i gomiti e abbassa il tuo corpo verso il pavimento, mantenendo il corpo in linea retta ed i gomiti con una leggera angolatura verso la parte bassa del corpo.
7. Espira e spingi il tuo corpo verso l'alto, tornando alla posizione di partenza.
8. Ripeti il movimento per il numero desiderato di ripetizioni.

Il push up può essere modificato per adattarsi a diversi livelli di fitness. Per esempio, se sei un principiante, puoi iniziare con le ginocchia a terra, invece delle punte dei piedi, per ridurre la resistenza.

Al contrario, se sei un atleta più avanzato, puoi aumentare la difficoltà eseguendo push up con una sola mano o con i piedi sopra un rialzo od ancora con l'utilizzo di zavorre.

Il push up è un esercizio efficace per costruire forza e resistenza nei muscoli del petto e degli arti superiori, e può essere facilmente eseguito in qualsiasi luogo senza l'utilizzo di attrezzi o pesi.

CAPITOLO 3

DORSO

Il dorso è una parte importante del corpo umano, costituita da una vasta gamma di muscoli, ossa e articolazioni che lavorano insieme per svolgere una serie di funzioni vitali.

Ecco alcune delle ragioni per cui il dorso è così importante:

- ✓ **Sostegno e stabilità:** Il dorso fornisce un'importante funzione di sostegno e stabilità per il resto del corpo. La colonna vertebrale, che si estende dalla base del cranio alla pelvi, è la struttura portante del dorso e fornisce supporto alla testa e al tronco. I muscoli del dorso lavorano insieme per mantenere la postura corretta e il bilanciamento del corpo.

- ✓ **Movimento:** Il dorso è responsabile di molti movimenti importanti del corpo, come la flessione, l'estensione, la rotazione e l'inclinazione laterale della colonna vertebrale. I muscoli del dorso aiutano anche a muovere le braccia e le spalle.

- ✓ **Respirazione:** Il dorso è anche importante per la respirazione. Il diaframma, un grande muscolo che si trova alla base dei polmoni, è collegato alla colonna vertebrale e ai muscoli del dorso.

Quando il diaframma si contrae, si espande la cavità toracica e si inspira aria nei polmoni.

✓ **Protezione degli organi interni**: Il dorso protegge anche gli organi interni importanti, come la colonna vertebrale, il midollo spinale, i polmoni e il cuore.

✓ **Forza e performance**: I muscoli del dorso sono anche importanti per la forza e le prestazioni sportive.
Un dorso forte e ben allenato può migliorare la postura, l'equilibrio, la coordinazione e la resistenza.

✓ **Dal punto di vista estetico**, la bellezza del dorso dipende da molti fattori, tra cui la postura, la forma, la muscolatura.

Di seguito alcuni esercizi efficaci per il dorso.

STACCO DA TERRA

Lo stacco da terra è un esercizio di sollevamento pesi che consiste nel sollevare una barra o un peso dal pavimento fino a raggiungere la posizione eretta. In inglese, l'esercizio è noto come "deadlift".

È uno degli esercizi più importanti e complessi del sollevamento pesi, poiché coinvolge diverse catene muscolari del corpo, tra cui la schiena, le gambe e i glutei.

Lo stacco da terra è un esercizio di sollevamento pesi che coinvolge principalmente la catena posteriore di muscoli, ovvero i glutei, i muscoli della schiena e i muscoli posteriori della coscia.

Ecco i passi per eseguire correttamente lo stacco da terra:

1. In piedi, posizionati di fronte alla barra con i piedi allineati alle spalle, le dita dei piedi sotto la barra e le gambe leggermente flesse.
2. Afferra la barra con le mani leggermente più aperte rispetto alle spalle, con le punte dei piedi puntate verso l'esterno.
3. Mantieni la schiena dritta, con le spalle allineate sopra la barra e il petto in fuori.
4. Solleva la barra dal pavimento mantenendo la schiena dritta, tirando la barra verso l'alto con le braccia e stendendo le gambe in modo graduale.
5. Mantieni il peso sui talloni mentre sollevi la barra, mantenendo la testa in linea con la colonna vertebrale.
6. Continua ad alzare la barra finché sei completamente eretto e poi abbassala lentamente al pavimento.
7. Ripeti l'esercizio per il numero desiderato di ripetizioni.

Ricorda di mantenere una buona postura durante tutta l'esecuzione dell'esercizio e di evitare di usare la schiena per sollevare il peso.

Varianti:

- **Stacco sumo**

Lo stacco sumo si esegue con una posizione delle gambe molto ampia, con i piedi posizionati molto più larghi rispetto alla larghezza delle spalle.

In questa posizione, le mani vengono posizionate all'interno delle gambe, afferrando la barra.

Nel corso dell'esercizio, la schiena rimane piatta, i fianchi vengono spinti all'indietro e poi si estendono, mantenendo le ginocchia piegate.

Una delle principali differenze tra lo stacco sumo e lo stacco classico è la posizione delle gambe.

Lo stacco sumo utilizza una posizione più ampia delle gambe, il che può aiutare a coinvolgere maggiormente i muscoli dell'interno coscia.

Inoltre, lo stacco sumo può ridurre lo stress sulla schiena, poiché le ginocchia sono piegate in modo più pronunciato rispetto allo stacco classico.

D'altra parte, lo stacco classico può aiutare a migliorare la forza del gluteo e della schiena, poiché richiede un'ulteriore estensione delle ginocchia e delle anche.

- **Stacco Rumeno**

Nell'esecuzione dello stacco rumeno, le gambe sono leggermente piegate e le ginocchia restano in questa posizione durante tutto l'esercizio, con la barra che viene sollevata partendo dalla posizione eretta.

Inoltre, durante l'esecuzione dello stacco rumeno, il movimento principale avviene dalle anche, con l'obiettivo di allungare i muscoli posteriori della coscia e migliorare la flessibilità dell'anca.

La schiena deve rimanere dritta durante tutto l'esercizio e il peso dovrebbe essere mantenuto vicino al corpo per ridurre lo stress sulla schiena.

In sintesi, lo stacco rumeno si concentra maggiormente sui muscoli posteriori della coscia e sulla flessibilità dell'anca, mentre lo stacco classico si concentra maggiormente sulla forza delle gambe e sulla postura.

In tutti i casi, è importante eseguire l'esercizio con la tecnica corretta per evitare infortuni.

LAT PULLDOWN

Il Lat pulldown è un esercizio di sollevamento pesi che mira ai muscoli della schiena, in particolare ai muscoli del latissimus dorsi (detti anche "lats").
Questo esercizio viene solitamente eseguito utilizzando una macchina Lat pulldown (Lat Machine).

<u>Ecco come eseguire il Lat pulldown:</u>

1. Sedetevi sulla panca della macchina Lat pulldown e regolate il cuscinetto della gamba in modo che si adatti comodamente contro le cosce e non siate troppo sotto la presa.
2. Afferrate la barra con le mani ad una distanza leggermente più ampia rispetto alle spalle, le dita dovrebbero essere rivolte verso l'esterno.
3. Tirare indietro le spalle con un gesto atto a interscapolare e portare il petto in fuori in modo che la schiena sia diritta.
4. Espirando, inclinatevi leggermente indietro e tirare la barra verso il petto, mantenendo i gomiti vicino ai fianchi e contrarre i muscoli della schiena durante la fase di contrazione.
5. Mantenere la posizione di contrazione per un momento e poi inspirare mentre si ritorna lentamente alla posizione di partenza.
6. Ripetere per il numero desiderato di ripetizioni.

È importante mantenere una buona postura durante l'esercizio. Il Lat pulldown è un esercizio molto efficace per sviluppare la forza e la definizione dei muscoli della schiena. Può anche aiutare a migliorare la postura e la stabilità della spina dorsale.

PULLEY BASSO

L'esercizio del pulley basso per la schiena (o low cable row) è un esercizio di sollevamento pesi che mira ai muscoli della schiena e delle braccia.

Ecco come eseguire l'esercizio del pulley basso per la schiena:
1. Impostare il peso sulla macchina a cavo e regolare il braccio della macchina in modo che sia a livello del pavimento.
2. Sedetevi sulla panca con le gambe semi stese (se volete seguire meglio l'esercizio, utilizzate un rialzo come un disco, da posizionare sotto di voi), i piedi ben piantati sul pavimento e afferrate la barra o le maniglie del cavo.
3. Tirare la barra o le maniglie verso il petto, mantenendo i gomiti vicino ai fianchi e contrarre i muscoli della schiena durante la fase di contrazione.
4. Mantenere la posizione di contrazione per un momento e poi lentamente rilasciare la tensione e riportare la barra o le maniglie alla posizione iniziale.
5. Ripetere per il numero desiderato di ripetizioni.

L'esercizio del pulley basso per la schiena è un'ottima scelta per coloro che cercano di sviluppare la forza e la definizione muscolare nella parte superiore del corpo.

REMATORE MANUBRIO

L'esercizio del rematore con manubrio (o single-arm dumbbell row) è un esercizio di sollevamento pesi che mira ai muscoli della schiena, delle braccia e delle spalle.

<u>Ecco come eseguire correttamente l'esercizio del rematore con manubrio:</u>

1. Prendere un manubrio con la mano e piegarsi in avanti a circa 45 gradi, mantenendo la schiena dritta e le ginocchia leggermente piegate.
2. Estendere il braccio con il manubrio verso il basso, mantenendo il gomito vicino al corpo.
3. Inspirare e tirare il manubrio verso il petto, mantenendo il gomito vicino al corpo e contrarre i muscoli della schiena durante la fase di contrazione.
4. Mantenere la posizione di contrazione per un momento e poi lentamente rilasciare la tensione e riportare il manubrio alla posizione iniziale.
5. Ripetere per il numero desiderato di ripetizioni, poi passare alla mano opposta.

TRAZIONI

Le trazioni sono un esercizio fisico che coinvolge i muscoli della schiena, delle braccia e delle spalle.
Sono un esercizio molto efficace per sviluppare la forza e la massa muscolare nella parte superiore del corpo.

Ecco come eseguire correttamente le trazioni:
1. Trovare una barra per trazioni a una altezza sufficiente per essere raggiunta con le braccia tese.
2. Afferrare la barra con le mani, a una distanza leggermente superiore alla larghezza delle spalle, con i palmi rivolti verso l'esterno.
3. Sollevare i piedi da terra e mantenere le braccia completamente estese.
4. Inspirare ed espirare, quindi iniziare a sollevare il corpo tirando verso l'alto con i muscoli della schiena e delle braccia.
5. Continuare a sollevare il corpo finché il mento non supera la barra.
6. Rilasciare lentamente il corpo, abbassandolo fino a quando le braccia non sono completamente estese di nuovo.
7. Ripetere il movimento per il numero desiderato di ripetizioni.

SPALLE

Le spalle sono composte da diverse strutture anatomiche, tra cui il muscolo deltoidi, il muscolo trapezio e il muscolo romboide.

<u>Insieme, questi muscoli svolgono diverse funzioni che comprendono:</u>

- ✓ **Movimento del braccio**: il muscolo deltoidi è il principale responsabile del movimento del braccio.
- ✓ **Stabilizzazione della scapola**: il muscolo trapezio e il muscolo romboide sono responsabili della stabilizzazione della scapola.
- ✓ **Supporto del busto**: i muscoli delle spalle contribuiscono anche al supporto del busto.
- ✓ Le spalle muscolose possono migliorare la **postura**, la **stabilità** dell'articolazione della spalla e la **forza** complessiva del corpo.
- ✓ Le spalle sono coinvolte in molti **movimenti della vita quotidiana**, come sollevare oggetti pesanti o spingere carichi, e avere spalle forti può migliorare la capacità del corpo di affrontare questi movimenti.

✓ Inoltre, le spalle muscolose possono aiutare a **prevenire lesioni alle spalle e alla parte superiore della schiena**.

✓ **Da un punto di vista estetico**, le spalle muscolose contribuiscono a creare un aspetto fisico più proporzionato e definito.

Infine, spalle ben sviluppate possono aiutare ad equilibrare la figura, dando l'impressione di una vita più stretta.

Di seguito alcuni esercizi efficaci per le spalle.

SPINTE MANUBRI

Le spinte con i manubri per le spalle sono un esercizio di sollevamento pesi che coinvolge i muscoli della spalla, in particolare il deltoide.

Ecco come eseguire l'esercizio:

1. Inizia seduto su panca o in piedi con i piedi alla larghezza delle spalle e un manubrio in ogni mano. Tieni i manubri a fianco del corpo, con le braccia tese.
2. Porta i manubri alla stessa altezza delle spalle, mantenendo i gomiti leggermente piegati.
3. Da qui, spingi i manubri verso l'alto sopra la testa, mantenendo i gomiti leggermente piegati.
4. Cerca di mantenere i manubri lievemente più avanti della testa in linea perpendicolare.
5. Quindi abbassa i manubri lentamente e torna alla posizione di partenza.
6. Ripeti per il numero desiderato di ripetizioni.

Mentre esegui l'esercizio, fai attenzione a mantenere la schiena dritta (se sei seduto sposta leggermente il sedere in avanti) e i gomiti leggermente piegati.

Evita di spingere i manubri troppo sopra la testa, poiché ciò potrebbe causare un eccessivo stress sulle articolazioni della spalla.

Inoltre, per evitare di far oscillare il corpo durante l'esecuzione, cerca di mantenere un buon equilibrio e una buona postura durante tutto l'esercizio, contraendo i muscoli dell'addome e della schiena.

Varianti:

* **Military press**

La military press, anche nota come stacco militare o spinta militare, è un esercizio di sollevamento pesi che mira a lavorare la muscolatura delle spalle, in particolare il deltoide anteriore.

<u>Per eseguire correttamente la military press, segui questi passaggi:</u>

1. Tieni i piedi alla larghezza delle spalle e afferra un bilanciere con le mani, tenendoli all'altezza delle spalle con i palmi rivolti verso avanti e i gomiti piegati.
2. Solleva lentamente il bilanciere verso l'alto, spingendolo sopra la testa con le braccia completamente estese ed espirando durante la spinta.
3. Senti la contrazione del deltoide anteriore e mantieni la posizione.
4. Abbassa lentamente il bilanciere fino ad averlo leggermente sotto il mento.
5. Ripeti per il numero di ripetizioni desiderato.

ALZATE LATERALI

Le alzate laterali sono un esercizio di sollevamento dei pesi che mira a lavorare la muscolatura delle spalle, in particolare il deltoide laterale. Questo esercizio può essere eseguito in piedi o seduti con i pesi nelle mani.

Per eseguire correttamente le alzate laterali, segui questi passaggi:

1. Tieni i piedi alla larghezza delle spalle e afferra un paio di pesi con le mani, mantenendoli ai tuoi lati con le braccia pressoché estese.
2. Solleva i pesi verso l'alto fino a quando le braccia sono parallele al pavimento, mantenendo i gomiti leggermente flessi.
3. Abbassa lentamente i pesi fino ad arrivare quasi alla posizione di partenza, ma continuando a tenere sotto sforzo il deltoide laterale.
4. Ricordati di non sforzare il trapezio con esecuzioni scorrette, mantenendo spalle basse e scapole contratte.
5. Ripeti per il numero di ripetizioni desiderate.

ALZATE FRONTALI

Le alzate frontali sono un esercizio di sollevamento dei pesi che mira a lavorare la muscolatura delle spalle, in particolare il deltoide anteriore. Questo esercizio può essere eseguito in piedi o seduti con i pesi nelle mani.

Ecco come eseguire correttamente le alzate frontali:
1. Tieni i piedi alla larghezza delle spalle, tieni la schiena dritta e afferra un paio di manubri o bilancieri con le mani, mantenendoli vicino al corpo e le braccia estese.
2. Solleva lentamente i pesi davanti al corpo, mantenendo le braccia leggermente piegate e continua a sollevare i pesi fino a quando le braccia sono parallele al pavimento.
3. Fai una breve pausa quando i pesi sono in alto per concentrarti sulla contrazione dei deltoidi anteriori.
4. Abbassa lentamente i pesi fino ad arrivare quasi alla posizione di partenza ma mantenendo sollecitazione sul deltoide e controllando il movimento.
5. Ripeti l'esercizio per il numero desiderato di ripetizioni.

CROCI POSTERIORI AI CAVI

Il deltoide posteriore è il muscolo della spalla situato sul lato posteriore della scapola.
Questo muscolo si estende dall'omero fino alla scapola ed è responsabile dell'estensione e della retrazione della spalla.

Ecco come eseguire correttamente le croci posteriori ai cavi:

1. Impugna i manici del cavo con le mani in modo che siano vicini alla linea della vita e il palmo delle mani sia rivolto verso il basso.
2. Con le braccia leggermente piegate, fai un passo avanti.
3. Tieni le braccia tese, mantenendo i gomiti leggermente piegati e il palmo delle mani rivolto verso il basso.
4. Apri le braccia fino alla massima contrattura posteriore e concentrati sulla contrazione del deltoide posteriore.
5. Pausa per un secondo e poi chiudi le braccia lentamente nella posizione di partenza.
6. Fai un numero adeguato di ripetizioni.

<u>Capitolo 5</u>

BICIPITI

I muscoli bicipiti brachiali sono un gruppo muscolare situato nella parte anteriore del braccio, che si estende dal gomito alla spalla.

<u>Ecco alcune delle ragioni per cui il Bicipite è importante:</u>
- ✓ **Flessione del gomito**: il bicipite è responsabile della flessione del gomito, ovvero il movimento che porta la mano verso la spalla.
- ✓ **Supinazione dell'avambraccio**: il bicipite aiuta anche nella supinazione dell'avambraccio, ovvero il movimento che ruota la mano in modo che il palmo sia rivolto verso l'alto.
- ✓ **Flessione dell'avambraccio**: il bicipite aiuta la flessione dell'avambraccio, che si verifica quando il braccio è completamente esteso e il gomito si flette.
- ✓ **Stabilizzazione della spalla**: il capo lungo del bicipite aiuta nella stabilizzazione della spalla durante i movimenti del braccio sopra la testa.

Questi muscoli sono importanti per molte attività quotidiane che coinvolgono la forza della presa e la flessione del braccio. I bicipiti sono uno dei gruppi muscolari più evidenti del braccio e avere bicipiti ben sviluppati può dare ai bracci un aspetto tonico, scolpito e definito.

Inoltre, è importante assicurarsi di lavorare su tutti e due i capi del bicipite per ottenere una sviluppo uniforme e ben bilanciato.

Di seguito alcuni esercizi efficaci per i bicipiti.

CURL IN SUPINAZIONE CON MANUBRI ALTERNATO IN PIEDI

Il curl manubri alternato con supinazione è un esercizio mono articolare che prevede la flessione attiva del gomito e la rotazione esterna dell'avambraccio (supinazione); è quindi destinato all'allenamento del bicipite brachiale e degli altri muscoli flessori dell'avambraccio sul braccio.

<u>Ecco come eseguire correttamente l'esercizio del curl in supinazione con manubri alternato:</u>

1. In piedi, con i piedi alla larghezza delle spalle e le ginocchia semi flesse, tieni un manubrio in ciascuna mano, con le braccia lungo i fianchi e i palmi delle mani rivolti verso il corpo.

2. Solleva un manubrio flettendo il gomito, portandolo verso la spalla, mantenendo il gomito vicino al corpo e ruotando il palmo della mano verso l'alto, in modo che alla fine del movimento il palmo sia rivolto verso la spalla.

3. Durante il movimento, mantieni il controllo e cerca di non usare il corpo per aiutarti.

4. Fermati quando il manubrio è vicino alla spalla, quindi abbassa lentamente il manubrio alla posizione di partenza, mantenendo il controllo del movimento, ripeti il movimento con l'altro braccio, nello stesso modo.

5. Continua a alternare il movimento tra i due braccia per il numero desiderato di ripetizioni.

BILANCIERE SAGOMATO BICIPITI

Il curl con bilanciere è il principale esercizio nell'allenamento dei bicipiti per lo sviluppo della forza e della massa dell'intero bicipite.
L'esercizio coinvolge anche la muscolatura del deltoide e i muscoli dell'avambraccio.

Ecco come eseguire correttamente l'esercizio del curl con bilanciere sagomato per i bicipiti:

1. Inizia in piedi, con i piedi alla larghezza delle spalle e le ginocchia leggermente piegate.
2. Tieni un bilanciere sagomato con le mani leggermente più larghe delle spalle.
3. Solleva lentamente il bilanciere flettendo i gomiti, portandolo verso le spalle e mantenendo i gomiti vicino al corpo.
4. Durante il movimento, mantieni il controllo e cerca di non usare il corpo per aiutarti.
5. Fermati quando il bilanciere è vicino alle spalle, quindi abbassa lentamente il bilanciere alla posizione di partenza, mantenendo il controllo del movimento.
6. Continua a eseguire per il numero desiderato di ripetizioni.

CURL A MARTELLO

Il curl a martello o con presa neutra (hammer) lavora principalmente sul muscolo brachioradiale della parte superiore dell'avambraccio e sulla parte laterale del bicipite (muscolo brachiale).

Ecco come eseguire correttamente l'esercizio dei bicipiti a martello alla corda:

1. Fissa una corda alla macchina per i pesi e regola la resistenza in base al proprio livello di fitness.
2. Prendi le due estremità della corda con le mani e posizionati in piedi, con le ginocchia leggermente piegate e i piedi alla larghezza delle spalle.
3. Solleva lentamente le mani verso le spalle, mantenendo i gomiti vicini al corpo e le mani in posizione neutra (cioè con i palmi rivolti verso il corpo). Durante il movimento, mantieni il controllo e cerca di non usare il corpo per aiutarti.
4. Fermati quando le mani sono vicine alle spalle, quindi abbassa lentamente le mani alla posizione di partenza, mantenendo il controllo del movimento.
5. In alternativa utilizza dei manubri, mantenendo i palmi rivolti verso il corpo.
6. Continua a eseguire i bicipiti a martello alla corda per il numero desiderato di ripetizioni.

<u>Capitolo 6</u>

TRICIPITI

Il tricipite brachiale è un muscolo situato nella parte posteriore del braccio. È composto da tre capi muscolari distinti (da cui deriva il suo nome), ciascuno con un'origine e un'inserzione diversi.

<u>Ecco alcune delle ragioni per cui il Tricipite è importante:</u>

- ✓ **Estensione del gomito**: il tricipite brachiale è il principale responsabile dell'estensione del gomito, ovvero il movimento che porta il braccio da una posizione flessa ad una posizione estesa.
- ✓ **Stabilizzazione dell'articolazione della spalla:** il tricipite brachiale ha anche un ruolo importante nella stabilizzazione dell'articolazione della spalla. Quando si sollevano pesi o si eseguono movimenti che coinvolgono il braccio, il tricipite brachiale si contrae per aiutare a mantenere l'articolazione della spalla in posizione stabile.
- ✓ Inoltre, il tricipite brachiale può anche **contribuire a flettere il braccio** alla spalla e a ruotarlo internamente.
- ✓ Tuttavia, queste funzioni sono relativamente minori rispetto alle sue principali funzioni di **estensione del**

gomito e stabilizzazione dell'articolazione della spalla.

✓ Dal punto di vista estetico, avere tricipiti ben sviluppati può dare ai bracci un aspetto tonico, scolpito e definito.

✓ Inoltre, è importante assicurarsi di lavorare su tutti e tre i capi del tricipite per ottenere una sviluppo uniforme e ben bilanciato.

Di seguito alcuni esercizi efficaci per i tricipiti.

DIP ALLE PARALLELE

Si tratta di un esercizio di bodyweight training in cui il tuo peso corporeo viene sollevato usando le braccia e i tricipiti.

Ecco come eseguire correttamente l'esercizio:

Posizionati tra due parallele (come due barre parallele per il dip, oppure due anelli da ginnastica sospesi).

Afferra le parallele con una presa salda, con le braccia dritte e le mani alla larghezza delle spalle.

Solleva il tuo corpo verso l'alto piegando le braccia, in modo che il tuo petto scenda verticalmente al terreno.

Espira e spingi verso l'alto per estendere le braccia e tornare alla posizione di partenza.

In fase avanzata puoi utilizzare zavorre per aumentare il coefficiente di difficoltà dell'esercizio.

FRENCH PRESS

La "French press", anche nota come "skull crusher", è un esercizio per i tricipiti che prevede l'uso di un bilanciere o di manubri.

Ecco come eseguire l'esercizio:
1. Distenditi su una panca con i piedi appoggiati a terra e prendi un bilanciere (meglio se sagomato) con le mani leggermente più larghe delle spalle.
2. Solleva il bilanciere sopra il petto con le braccia completamente estese e i palmi delle mani rivolti verso il soffitto.
3. Mantenendo le braccia ferme e vicine alla testa, piega i gomiti e abbassa il bilanciere verso la testa.
4. Cerca di mantenere i gomiti il più possibile immobili e concentrati sulla contrazione dei tricipiti.
5. Fermati quando il bilanciere è a pochi centimetri dalla testa e mantieni la posizione per un paio di secondi.
6. Espira e lentamente riporta il bilanciere alla posizione di partenza, estendendo completamente le braccia.
7. Ripeti il movimento per il numero desiderato di ripetizioni.

L'utilizzo di un bilanciere nella French press consente di aumentare gradualmente la resistenza, ma può anche rappresentare un rischio se l'esercizio viene eseguito in modo errato.
In alternativa, è possibile utilizzare i manubri o la macchina per la French press per variare l'allenamento.

TRICIPITI ISOLAMENTO AI CAVI

L'isolamento dei tricipiti ai cavi è un esercizio che consente di concentrarsi sui muscoli dei tricipiti senza coinvolgere gli altri gruppi muscolari.

Questo esercizio può essere eseguito in piedi o seduti su una panca.

Ecco come eseguire l'esercizio:

1. Impugna le maniglie dei cavi e stai dritto o seduto su una panca.
2. Mantieni le braccia vicine al corpo con i gomiti piegati a 90 gradi.
3. Espira ed estendi completamente le braccia verso il basso, mantenendo le maniglie dei cavi ad una distanza costante dal corpo.
4. Mantieni la contrazione per un paio di secondi, poi inspira e lentamente piega le braccia per tornare alla posizione di partenza.
5. Ripeti il movimento per il numero desiderato di ripetizioni.

L'utilizzo dei cavi consente di mantenere una resistenza costante e di lavorare sui tricipiti in ogni fase del movimento, senza perdere tensione durante la contrazione muscolare.

Questo esercizio può essere eseguito anche un braccio alla volta.

Inoltre, l'isolamento dei tricipiti ai cavi permette di evitare il coinvolgimento di altri muscoli, come il petto o le spalle, durante l'esercizio.

PANCA STRETTA

La panca stretta per i tricipiti è un esercizio che consente di concentrarsi sui muscoli dei tricipiti, in particolare sulla porzione media del tricipite.

Ecco come eseguire l'esercizio:

1. Distenditi sulla panca e prendi la barra con le mani ad una distanza ravvicinata, leggermente inferiore alla larghezza delle spalle.
2. Solleva la barra sopra il petto con le braccia completamente estese.
3. Mantenendo i gomiti vicini al corpo, piega le braccia e abbassa la barra verso il petto.
4. Fermati quando la barra è a pochi centimetri dal petto e mantieni la posizione per un paio di secondi.
5. Espira ed estendi completamente le braccia per tornare alla posizione di partenza.
6. Ripeti il movimento per il numero desiderato di ripetizioni.

L'utilizzo di una presa stretta sulla barra consente di concentrarsi sui muscoli dei tricipiti e di limitare il coinvolgimento di altri gruppi muscolari. Inoltre, l'esercizio sulla panca stretta permette di lavorare sulla porzione media del tricipite, che spesso è trascurata dagli esercizi tradizionali.

Capitolo 7

ADDOME

Gli addominali sono un gruppo muscolare situato nella regione dell'addome, e sono composti da diversi muscoli, tra cui il retto dell'addome, gli obliqui esterni ed interni e i muscoli trasversi dell'addome. Sono un gruppo muscolare importante sia dal punto di vista estetico che funzionale.

Ecco le funzioni principali degli addominali:

- ✓ **Flessione del tronco**: gli addominali sono responsabili della flessione del tronco, ovvero il movimento di piegarsi in avanti.

- ✓ **Rotazione del tronco**: gli addominali aiutano nella rotazione del tronco, ovvero il movimento di ruotare il busto verso destra o sinistra.

- ✓ **Stabilizzazione del tronco**: gli addominali sono importanti per la stabilità del tronco e il supporto della colonna vertebrale durante gli esercizi di sollevamento pesi, il sollevamento di oggetti pesanti o durante attività che richiedono il mantenimento di una postura eretta.

- ✓ **Esteticamente**, gli addominali ben sviluppati sono un se non il segno di una buona forma fisica e una **pancia piatta** può migliorare l'aspetto complessivo del corpo.

Tuttavia, è importante ricordare che gli addominali si sviluppano anche con l'esercizio aerobico e una dieta sana ed equilibrata.

Di seguito alcuni esercizi per gli addominali.

CRUNCH

Il crunch è un esercizio per gli addominali che coinvolge principalmente il muscolo retto dell'addome.

Per eseguire il crunch, segui questi passaggi:
1. Sdraiati supino sul pavimento con le gambe piegate e i piedi appoggiati a terra, con le mani dietro la testa o incrociate sul petto.
2. In alternativa in una panca appositamente designata, incastrando i piedi negli opportuni spazi.
3. Contrai i muscoli addominali e solleva la testa e le spalle dal pavimento, senza tirare il collo.
4. Mantieni la contrazione e poi torna alla posizione di partenza in modo controllato.
5. Ripeti per il numero di ripetizioni desiderato.

Questo esercizio può essere eseguito con sovraccarichi o attraverso macchinari designati all'incremento di peso.

PLANK

L'esercizio del "plank" è un esercizio di fitness che coinvolge la contrazione dei muscoli dell'addome, del dorso e delle gambe per mantenere una posizione di planata stabile.

Esercita tutto il torace, migliora la resistenza e la concentrazione.

Ecco come eseguire correttamente l'esercizio del plank:

1. Inizia posizionandoti a terra in posizione prona, appoggiando le braccia piegate sui gomiti e le punte dei piedi.
2. Solleva il corpo tenendo le braccia e le gambe dritte, mantenendo il busto in posizione orizzontale rispetto al pavimento.
3. Contrai i muscoli dell'addome e del dorso per mantenere la posizione di planata stabile.
4. Tieni la testa e il collo in posizione neutra, guardando verso il basso.
5. Mantieni la posizione per un periodo di tempo determinato, cercando di non piegare le ginocchia o sollevare il bacino troppo in alto.
6. Rilascia la posizione tornando alla posizione di partenza.

RUSSIAN TWIST

Il "Russian twist" è un esercizio di fitness che coinvolge i muscoli dell'addome e degli obliqui, ed è spesso utilizzato per allenare la forza e la resistenza del core.

Ecco come eseguire correttamente l'esercizio del Russian twist:

1. Siediti a terra con le ginocchia piegate e i piedi sollevati da terra, mantenendo i talloni vicino ai glutei o in alternativa in una panca per addominali.
2. Inclina leggermente il busto indietro, tenendo la schiena dritta e formando un angolo di circa 45 gradi con il pavimento.
3. Unisci le mani davanti al petto o tieni un peso o un oggetto pesante con entrambe le mani.
4. Fai ruotare il busto a destra, portando le mani o il peso verso il fianco destro.
5. Torna alla posizione centrale e ripeti il movimento verso sinistra.
6. Continua a ruotare il busto avanti e indietro in modo controllato, mantenendo la contrazione dei muscoli dell'addome e degli obliqui.
7. Ripeti per un numero determinato di ripetizioni o per un periodo di tempo prefissato.

SOLLEVAMENTO GAMBE

Il sollevamento gambe è un esercizio di fitness che mira a tonificare i muscoli dell'addome, in particolare il retto addominale e i flessori dell'anca.

Ecco come eseguire correttamente l'esercizio del sollevamento gambe:

1. Distenditi sulla schiena con le gambe unite e le braccia distese lungo il corpo o in alternativa aggrappati con le mani in una panca da addominali inclinata più o meno verso il basso, in base al tuo grado di allenamento.

2. Solleva le gambe distese finché non raggiungono un angolo di 90 gradi rispetto al pavimento, mantenendo i muscoli dell'addome contratti.

3. Tieni la posizione per alcuni secondi, cercando di mantenere le gambe diritte e l'addome contratto.

4. Abbassa le gambe lentamente verso il pavimento, mantenendo il controllo del movimento e evitando di farle toccare il pavimento.

5. Se hai un adeguato livello di allenamento, aiutati con dei pesi alle caviglie.

6. Ripeti il movimento per un numero prefissato di ripetizioni o per un periodo di tempo determinato.

È importante eseguire l'esercizio del sollevamento gambe con una postura corretta, evitando di sollevare le gambe troppo in alto o di farle oscillare. Quando si eseguono gli esercizi per gli addominali, è importante mantenere la giusta postura e contrarre i muscoli addominali durante tutto l'esercizio.
Inoltre, evitare di affaticare troppo il collo o di forzare i muscoli della schiena. Inizia con poche ripetizioni e aumenta gradualmente il numero man mano che acquisisci forza.

<u>Capitolo 8</u>

CARDIO

Il termine cardio si riferisce a tutte le attività aerobiche che coinvolgono il sistema cardiovascolare e respiratorio.

Queste attività sono volte a migliorare la salute del cuore e dei polmoni, nonché a bruciare calorie e grassi.

<u>L'allenamento cardio può essere eseguito in vari modi, tra cui:</u>

- ✓ **Corsa**: la corsa è un'attività cardiovascolare molto efficace e popolare che può essere eseguita all'aperto o su un tapis roulant.
- ✓ **Cyclette**: la cyclette è un'alternativa alla corsa che permette di esercitare gli stessi muscoli, ma con un minore impatto sulle articolazioni.
- ✓ **Nuoto**: il nuoto è un'attività a basso impatto che coinvolge molti muscoli del corpo e migliora la salute cardiovascolare.
- ✓ **Aerobica**: l'aerobica è un'attività cardiovascolare ad alta intensità che può essere eseguita in palestra o a casa.
- ✓ **Escursioni**: le escursioni in montagna o in collina sono un'attività cardiovascolare che permette di allenarsi all'aperto e godere della natura.

Gli allenamenti cardiovascolari sono importanti per migliorare la salute cardiovascolare, bruciare calorie e grassi e ridurre lo stress.

Inoltre, l'esercizio aerobico può aiutare a ridurre il rischio di malattie cardiovascolari, diabete, obesità e altre patologie.

Grazie alle attività di cardio, potremmo beneficiare di ulteriori miglioramenti anche in sala pesi, tuttavia, è importante ricordare che l'eccesso di cardio può compromettere la costruzione della massa muscolare.

Dunque è importante trovare un equilibrio tra l'allenamento cardiovascolare e di pesistica.

Un programma di allenamento completo dovrebbe includere entrambi gli stili di allenamento e dovrebbe essere personalizzato per le esigenze individuali e gli obiettivi di fitness.

HIT

L'allenamento HIT (High-Intensity Training) è una forma di allenamento cardiovascolare ad alta intensità, in cui si alternano periodi di lavoro ad alta intensità con periodi di riposo o recupero attivo.

In genere, gli allenamenti HIT durano meno di 30 minuti e possono essere eseguiti su qualsiasi tipo di attrezzatura cardiovascolare, come la cyclette, il tapis roulant o l'ellittica.

L'obiettivo dell'allenamento HIT è di aumentare la frequenza cardiaca e la respirazione, bruciare calorie e grassi e migliorare la salute cardiovascolare in modo più efficiente rispetto a un allenamento cardiovascolare tradizionale di lunga durata.

Inoltre, l'allenamento HIT può anche migliorare la capacità del corpo di utilizzare l'ossigeno e aumentare la produzione di ormoni anabolici che favoriscono la costruzione muscolare.

Tuttavia, poiché l'allenamento HIT è molto intenso, è importante essere in buona salute e avere una buona forma fisica prima di iniziare.

Infine, è importante eseguire un adeguato riscaldamento e un adeguato recupero dopo l'allenamento per prevenire infortuni e favorire la riparazione muscolare.

<u>Capitolo 9</u>

RIPOSO

Il riposo muscolare è un aspetto importante dell'allenamento e della crescita muscolare.

Quando si esegue un allenamento di resistenza, si creano microlesioni nei tessuti muscolari che stimolano la crescita muscolare.

Tuttavia, per permettere che il processo di riparazione e crescita muscolare avvenga, è necessario dare al corpo il tempo e le risorse per farlo, attraverso il riposo e la nutrizione adeguata.

Il riposo muscolare può assumere diverse forme. Ad esempio, si può alternare l'allenamento dei gruppi muscolari, in modo da permettere ai muscoli di riposare e recuperare adeguatamente tra le sessioni di allenamento.

Inoltre, è importante prendersi un giorno o due di riposo completo dalla palestra ogni settimana, in modo da permettere ai muscoli di riposare e recuperare.

Inoltre, il riposo muscolare non si limita solo alle pause tra le sessioni di allenamento, ma anche al sonno notturno.

Durante il sonno, il corpo rilascia ormoni che stimolano la crescita muscolare e riparano i tessuti danneggiati.

Quindi, dormire a sufficienza è fondamentale per permettere ai muscoli di riposare e riprendersi.

La settimana di scarico

La settimana di scarico sportiva è una settimana di riposo o di attività fisica leggera programmata nel programma di allenamento di un atleta o di una persona che si allena regolarmente.

L'obiettivo principale della settimana di scarico è quello di consentire al corpo di recuperare, di riparare i tessuti muscolari e di evitare il sovraccarico.

<u>Ecco alcune linee guida generali per la settimana di scarico sportiva:</u>

1. **Ridurre l'intensità dell'attività fisica**: durante la settimana di scarico, l'obiettivo principale è quello di ridurre l'intensità dell'attività fisica rispetto al programma di allenamento normale.

   Ad esempio, se si corre di solito 5 volte a settimana, si può ridurre a 2-3 volte.

2. **Mantenere una certa attività fisica**: non è consigliabile interrompere completamente l'attività fisica durante la settimana di scarico.

3. È importante mantenere un certo livello di attività fisica, come **camminare o fare stretching**, per mantenere la mobilità e la circolazione.

4. **Mantenere l'alimentazione sana ed equilibrata**: durante la settimana di scarico, è importante continuare a seguire una dieta sana ed equilibrata per garantire al corpo tutti i nutrienti di cui ha bisogno.

5. **Rilassarsi**: la settimana di scarico è anche un'occasione per dedicarsi ad attività che rilassano la mente e il corpo, come il massaggio o lo yoga.

6. **Mantenere il riposo**: è importante dormire abbastanza durante la settimana di scarico per permettere al corpo di recuperare e di riparare i tessuti muscolari.

Capitolo 10

ALIMENTAZIONE SPORTIVA

L'alimentazione è un aspetto fondamentale per gli atleti e per coloro che praticano attività fisica regolare.

Le linee guida generali per un'alimentazione sportiva prevedono una dieta equilibrata, composta da carboidrati, proteine e grassi.

Una dieta sana dovrebbe includere una varietà di alimenti, tra cui frutta, verdura, cereali integrali, proteine magre, latticini magri e grassi sani. Inoltre, dovrebbe limitare l'apporto di grassi saturi, zuccheri aggiunti e sale.

Un'alimentazione sana può anche contribuire a migliorare il benessere mentale e la qualità della vita, fornendo la giusta energia e nutrimento per svolgere le attività quotidiane in modo efficace e produttivo.

Un'alimentazione adeguata può migliorare la performance sportiva, ridurre il rischio di infortuni e favorire se non essere essenziale per il recupero muscolare.

Inoltre, gli sportivi hanno spesso bisogno di maggiori quantità di acqua e di elettroliti per idratarsi e prevenire la disidratazione durante l'esercizio fisico.

La quantità e il tipo di cibo necessari dipendono dal tipo di sport praticato, dalla durata e dall'intensità dell'attività fisica, dalla genetica e da altri fattori individuali.

Una dieta adeguata dovrebbe essere personalizzata in base alle esigenze individuali e all'attività sportiva praticata ed essere supervisionata da un professionista della nutrizione o da un medico dello sport.

➢ CARBOIDRATI

I carboidrati sono la fonte principale di energia per il corpo, forniscono 4 calorie per grammo.

Ecco alcune delle principali categorie di carboidrati e i loro benefici per la salute:

- **Carboidrati complessi**: si trovano principalmente in alimenti a base di cereali integrali, come il pane, il riso e la farina d'avena.

  Questi carboidrati vengono assorbiti più lentamente rispetto ai carboidrati semplici e forniscono energia a lungo termine.

  I carboidrati complessi contengono anche fibre, (specialmente in alimenti in alimenti integrali e poco processati) che aiutano a mantenere la salute del tratto digestivo e a regolare il livello di zucchero nel sangue.

- **Fibre**: la fibra è un tipo di carboidrato che il nostro corpo non può digerire completamente.

  Si trova principalmente in alimenti a base di cereali integrali, legumi, verdure e frutta.

  La fibra aiuta a mantenere la salute del tratto digestivo, a regolare il livello di zucchero nel sangue, a ridurre il colesterolo e a favorire la perdita di peso.

- **Carboidrati semplici:** si trovano principalmente in alimenti zuccherati come bevande zuccherate, dolci, biscotti e altri prodotti da forno.

Questi carboidrati vengono assorbiti rapidamente e forniscono energia a breve termine.

Tuttavia, i carboidrati semplici possono aumentare rapidamente il livello di zucchero nel sangue e possono portare ad un aumento di peso se consumati in eccesso.

In generale, si consiglia di scegliere carboidrati complessi e di limitare il consumo di carboidrati semplici e zuccheri aggiunti.

➢ PROTEINE

Le proteine sono composte da catene di aminoacidi e sono importanti per la riparazione e la crescita muscolare.

Esse forniscono energia, circa 4 calorie per grammo ma necessitano di un maggior dispendio energetico ed una maggior assunzione di acqua per essere digerite.

Le proteine sono anche importanti per il corretto funzionamento di molte funzioni del nostro corpo, tra cui la produzione di ormoni e enzimi, la coagulazione del sangue e il trasporto di sostanze nutritive e ossigeno nel sangue.

La quantità di proteine di cui abbiamo bisogno dipende dalle nostre esigenze individuali, tra cui l'età, il peso, il livello di attività fisica e altri fattori.

Ad esempio gli atleti e le persone che cercano di aumentare la massa muscolare possono avere bisogno di quantità maggiori di proteine.

Ecco alcune delle principali categorie di proteine e i loro benefici per la salute:

- **Proteine animali**: le proteine animali si trovano principalmente in alimenti come carne, pesce, uova e latticini.
  Queste proteine contengono tutti gli aminoacidi essenziali di cui il nostro corpo ha bisogno per costruire e riparare i tessuti muscolari e cellulari (" proteine nobili").
  Le proteine animali sono anche una fonte di ferro, vitamina B12 e altri nutrienti importanti per la salute.

- **Proteine vegetali**: le proteine vegetali si trovano principalmente in alimenti come legumi, cereali integrali, noci e semi.
  È importante notare che alcune proteine vegetali possono mancare di uno o più aminoacidi essenziali, ma possono essere combinati con altre fonti di proteine vegetali per creare pasti completi di proteine.
  Ad esempio, i legumi possono essere combinati con cereali integrali per creare una fonte completa di proteine vegetali.
  Le proteine vegetali sono generalmente più ricche di fibre, vitamine e minerali rispetto alle proteine animali, il che le rende una scelta più salutare.

In generale, si consiglia di consumare una combinazione di proteine animali e vegetali per una dieta equilibrata.
Le proteine sono essenziali per la salute muscolare, ma possono anche aiutare a ridurre la fame, a migliorare la salute del cuore e a mantenere un peso sano.
Tuttavia, è importante scegliere opzioni magre come carne bianca, pesce e latticini magri per evitare l'eccesso di grassi saturi e calorie.

Le diete vegetariane e vegane possono fornire abbastanza proteine se si scelgono le fonti corrette di proteine vegetali e si combinano per creare pasti completi di proteine.

➢ GRASSI

I grassi sono una fonte importante di energia per il nostro corpo e svolgono molte funzioni vitali.

Ecco alcune ragioni per cui è importante includere i grassi nella nostra dieta:

- **Forniscono energia**: i grassi sono una fonte concentrata di energia. Forniscono circa 9 calorie per grammo.
  Assorbono le vitamine: molte vitamine, tra cui la vitamina A, D, E e K, sono solubili in grassi.
  Ciò significa che il nostro corpo ha bisogno di grassi per assorbire queste vitamine e utilizzarle correttamente.

- **Proteggono gli organi**: i grassi svolgono un ruolo importante nel proteggere gli organi vitali del nostro corpo, come il cuore, i reni e il fegato.
  Ci sono diverse tipologie di grassi, alcune sono considerate più salutari di altre.
  Ecco alcune delle principali categorie di grassi e i loro benefici per la salute:

- **Grassi monoinsaturi**: si trovano principalmente in oli vegetali come l'olio d'oliva, di semi di girasole e di sesamo, nonché in avocado e noci.
  I grassi monoinsaturi aiutano a ridurre il colesterolo LDL ("colesterolo cattivo") e possono quindi ridurre il rischio di malattie cardiovascolari.

- **I Grassi polinsaturi** si trovano principalmente in oli vegetali, semi, noci e pesce.

  I grassi polinsaturi comprendono acidi grassi omega-3 e omega-6, che sono essenziali per la salute del cuore, del cervello e della pelle.

- **Grassi saturi:** i grassi saturi si trovano principalmente in prodotti di origine animale come carne, formaggi e burro. Questi grassi sono spesso associati ad un aumento del colesterolo LDL e di conseguenza ad un aumento del rischio di malattie cardiovascolari. Tuttavia, alcuni alimenti che contengono grassi saturi, come ad esempio il cocco e l'olio di palma, contengono anche acidi grassi a catena media che possono essere utilizzati come fonte di energia dal corpo.

- **Grassi trans:** sono grassi insaturi che sono stati parzialmente idrogenati, in modo da diventare più stabili e duraturi negli alimenti.

  Si trovano principalmente in alimenti trasformati come i prodotti da forno, i cracker e i cibi fritti.

  I grassi trans sono stati associati ad un aumento del colesterolo LDL e di conseguenza ad un aumento del rischio di malattie cardiovascolari e diabete di tipo 2.

In generale, si consiglia di limitare il consumo di grassi saturi e grassi trans e di aumentare il consumo di grassi monoinsaturi e polinsaturi per ottenere i maggiori benefici per la salute.

Inoltre, è importante tenere presente che l'eccesso di qualsiasi tipo di grasso può portare ad un aumento di peso e ad altri problemi di salute, quindi è importante consumarli con moderazione.

➢ **MACRONUTRIENTI**

Oltre a questi macro-nutrienti, gli atleti dovrebbero anche prestare attenzione all'assunzione di micronutrienti come vitamine e minerali, che possono essere persi attraverso il sudore e l'esercizio fisico intenso.

La quantità e la distribuzione dei nutrienti durante il giorno possono variare a seconda del tipo di sport e della durata dell'allenamento.

Ad esempio, gli atleti che praticano sport di resistenza possono avere bisogno di più carboidrati per sostenere l'energia richiesta per esercizi prolungati, mentre gli atleti che praticano sport di forza possono avere bisogno di più proteine per la riparazione e la crescita muscolare.

Anche l'integrazione necessita di riguardi diversi in base allo sport praticato, come per gli atleti di sport di forza vi è la Creatina tra gli integratori più efficienti e studiati.

Infine, è importante prestare attenzione anche all'idratazione, soprattutto durante l'esercizio fisico intenso ed in una dieta iperproteica.

Bere acqua e liquidi adeguati dunque può aiutare a mantenere i livelli di idratazione e prevenire la disidratazione, che può influire negativamente sulla performance sportiva e sulla salute generale.

(Ricordarsi di seguire una dieta sana è importante, nonostante ciò concedetevi pure un pasto libero ogni tanto e non vi preoccupate di accumulare grasso. L'accumulo di grasso infatti è dovuto ad un eccesso calorico per più giorni, mentre un pasto libero vi porterà solo un maggior accumulo di acqua nel corpo, infatti con ogni grammo di glicogeno tratterrete 3 grammi di acqua. Questi grammi in più non saranno tessuto adiposo e dopo essere tornati a dieta, svaniranno nel giro di poco tempo).

<u>Capitolo 11</u>

CONSIGLI

<u>Ecco alcuni consigli per approcciarsi all'attività fisica:</u>

- **Consultare un medico**: Se non si è stati attivi per un po' di tempo, è sempre meglio consultare un medico prima di iniziare un nuovo programma di attività fisica. In particolare, se si hanno problemi di salute o si è soggetti a qualche forma di limitazione fisica.

- **Scegliere un'attività che piace:** Se si sceglie un'attività che piace, sarà più facile mantenersi motivati e impegnati.

- **Ci sono molte opzioni tra cui scegliere**: camminare, sollevamento pesi, correre, nuotare, andare in bicicletta, praticare uno sport di squadra, fare yoga, danza, ecc.

- **Inizia gradualmente**: se sei nuovo all'attività fisica o hai fatto una pausa di lunga durata, inizia gradualmente e aumenta l'intensità e la durata delle tue sessioni man mano che diventi più forte e più in forma.

- **Fai stretching**: prima e dopo l'attività fisica, è importante fare stretching per riscaldare e allungare i muscoli. Questo può aiutare a prevenire gli infortuni.

- **Fissa obiettivi realistici**: stabilisci obiettivi realistici e fattibili, come camminare per 30 minuti al giorno per una settimana, per aiutarti a rimanere motivato e misurare i tuoi progressi.
  Ricorda però, siamo tutti diversi e dunque non rimanere deluso se i tuoi risultati fisici od estetici non siano uguali al tuo modello ideale.

- **Trova un compagno di allenamento**: trovare un amico o un partner di allenamento può rendere l'attività fisica più divertente e motivante.

- **Crea una routine**: creare una routine di attività fisica può aiutarti a mantenere l'abitudine.
  In media, è emerso che ci vogliono circa 2 mesi perché un'abitudine diventi automatica, per alcuni anche 8 mesi per cui non preoccuparti se non ti senti subito a tuo agio con la routine.

- **Non essere troppo rigido**: mantieni una dieta ed un allenamento in grado di essere sostenuti nel tempo.

- **Ascolta il tuo corpo**: se durante l'attività fisica senti dolore o stanchezza eccessiva, ferma l'allenamento e riposa. Il riposo è importante per consentire al tuo corpo di recuperare e di evitare lesioni.
  Se vuoi ispirati a modelli aventi i canoni fisici o sportivi che vuoi raggiungere.

<u>Capitolo 12</u>

CONCLUSIONI E SALUTI

Un corpo sano serve a garantire il benessere e la qualità della vita.

Un corpo sano può aiutare a prevenire malattie, migliorare l'energia e la concentrazione, aumentare la resistenza fisica e mentale e prolungare la vita.

Inoltre, un corpo sano può contribuire ad una maggiore felicità (riducendo lo stress ed aumentando l'autostima).

Può migliorare le relazioni sociali e la qualità della vita in generale e aumentare la capacità di gestire i problemi quotidiani.

Mantenere un corpo sano richiede uno sforzo costante e una consapevolezza dei propri bisogni individuali.

L'adozione di abitudini sane può essere difficile all'inizio, ma i benefici a lungo termine per la salute e il benessere sono inestimabili.

Ti auguro un buon percorso di forma fisica!

Che tu possa trovare la motivazione e la forza di volontà per raggiungere i tuoi obiettivi.

Ricorda di prenderti cura del tuo corpo, di nutrirlo con cibo sano e di fare regolarmente esercizio fisico.

Sii costante e perseverante, e vedrai i risultati che desideri! In bocca al lupo!"

www.ingramcontent.com/pod-product-compliance
Lightning Source LLC
Chambersburg PA
CBHW061725250726

48657CB00002B/769